Aimer
l'amour

Gouvernement du Québec – Programme de crédit d'impôt pour
l'édition de livres – Gestion SODEC – www.sodec.gouv.qc.ca

L'Éditeur bénéficie du soutien de la Société de développement des
entreprises culturelles du Québec pour son programme d'édition.

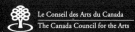

Le Conseil des Arts du Canada
The Canada Council for the Arts

Nous remercions le Conseil des Arts du Canada de l'aide accordée à
notre programme de publication.

Nous reconnaissons l'aide financière du gouvernement du Canada par
l'entremise du Fonds du livre du Canada pour nos activités d'édition.

DISTRIBUTEUR EXCLUSIF:
Pour le Canada et les États-Unis:
MESSAGERIES ADP*
2315, rue de la Province
Longueuil, Québec J4G 1G4
Téléphone : 450 640-1237
Télécopieur: 450 674-6237
Internet: www.messageries-adp.com
* filiale du Groupe Sogides inc.,
   filiale du Groupe Livre Quebecor Media inc.

02-11

Dépôt légal: 2011
Bibliothèque et Archives nationales du Québec

ISBN 978-2-7619-3072-7

Jacques Salomé

calligraphies de Lassâd Metoui

Aimer l'amour

LES ÉDITIONS DE
L'HOMME

Une compagnie de Quebecor Media

Oser se dire en amour

Il me semble que le Québec est un pays où l'on sait s'aimer. Je veux dire par là que c'est l'un des rares endroits au monde où les femmes ont cette liberté d'être qui me paraît la plus essentielle, celle de pouvoir énoncer leurs sentiments et d'en témoigner. Les hommes aussi bien sûr, mais certainement avec un peu plus de pudeur, d'errance ou de réticence.

Écrire ou se dire en amour revient le plus souvent soit à tenter de témoigner de nos sentiments envers l'être aimé, soit à s'interroger, s'inquiéter ou avoir confirmation des sentiments de l'autre à notre égard.

Mais écrire ou dire « Je t'aime » n'est pas suffisant, si notre déclaration ne s'accompagne pas de cette vibration infime, de ces signes subtils, de la chaleur ou de l'énergie qui doivent envelopper, amplifier, dynamiser les mots de l'amour. C'est tout cela qui donnera, à celui ou à celle qui reçoit une déclaration d'amour, la certitude qu'il est aimé réellement, profondément et durablement.

Car si l'amour se vit au présent, il n'a de cesse que d'être entouré, bercé par une attente, celle d'être sans cesse encouragé ou confirmé. M'aimes-tu? As-tu de l'amour pour moi? Est-ce que ton amour est aussi fort, aussi fiable que le mien? M'aimeras-tu toujours? Aime-moi et seulement moi!

J'ai voulu dans les textes qui vont suivre à la fois valoriser l'amour, montrer qu'il est possible d'aimer l'amour au lieu de la maltraiter par trop d'indifférence ou d'exigences et en même temps, j'ai tenté de souligner quelques-uns des enjeux cachés qui traversent la vie d'un sentiment amoureux. J'ai voulu démystifier aussi quelques conduites néga-tives, quelques pièges, quelques violences parfois qui accompagnent certaines relations amoureuses et qui peuvent les blesser et même les détruire.

En proposant à chacun d'apprendre à aimer l'amour, je m'inscris dans ce mouvement, cette es-pérance si vivante en moi, que puisse circuler dans le monde plus d'amour et pas seulement entre ceux qui prétendent aimer, mais entre ceux qui hésitent à aimer ou qui ne savent pas encore le plaisir d'aimer.

Apprenez à aimer l'amour,
et celui-ci vous le rendra au centuple.

En chinois, faire l'amour se dit
« Rencontre des nuages et de la pluie ».
Je ne sais comment se dit aimer
l'amour dans cette langue.

Le surgissement étonné de l'amour

Un jour vient où cette interrogation
implose en nous :
mais comment le sentiment d'aimer
peut-il surgir en nous ?
À partir des labyrinthes obscurs de notre
histoire, peut-être va-t-il émerger d'une
faille soudaine dans la logique aveugle
de notre passé, d'une ouverture
dans notre présent ou de l'accueil
étonné de notre futur ?
Va-t-il naître de cette lumière dans
les yeux, de celle ou de celui qui nous
a appelés doucement de l'intérieur ?
Est-il réveillé par un mouvement secret
du corps ou par l'émergence d'un signe
infime de l'un de nos sens à nous seuls
destiné ?
Va-t-il surgir d'une attente si longue,
si demandante, dans laquelle nous ne
nous savions pas enfermés et qui
d'un seul coup se dénoue ?

L'amour fait alors avec nous
ce qu'il fait avec tous les autres,
il nous rend muets ou nous donne envie
de parler, de rire, d'être heureux sans
raison ou encore de nous faire découvrir
quelques-uns de nos possibles encore
en friche.
L'amour nous permet, en présence
de l'être aimé, de rêver,
de nous émerveiller d'un rien, d'un tout.
Il ouvre des sources, révèle des terres
inconnues en nous, agrandit l'horizon.
Ensuite, aux vents des quatre saisons,
nous faisons tourner en son nom
tous les moulins de notre cœur.
Car ce qui se vit par amour se vit toujours
au-delà du bien et du mal, par-delà
le passé et le futur, dans la fulgurance
de l'instant présent.

Quand un amour m'habite

Quand un amour m'habite,
il fait le plein en moi.
Il occupe tout l'espace de mon corps
et de mes pensées.
Il devient cadeau pour chacune
de mes cellules.
Il est soleil dans l'immensité
de toute mon histoire.
Il est le feu, l'air, l'eau, la terre.
Il est chacun des éléments essentiels
à ma vie.

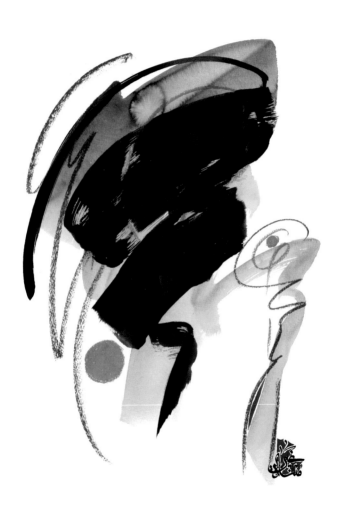

Il est présent dans tout ce qui m'entoure,
dans chaque feuille d'arbre,
dans chaque caillou du chemin,
dans chaque nuage, dans l'infini du ciel.
Mon amour scintille dans chacun
des regards croisant mon chemin.
Sa source est inépuisable,
car elle ne vient pas de l'autre,
mais du profond de moi enfin révélé.

Que sa présence, son regard, son écoute,
comme son seul souvenir,
me rappellent tous les plaisirs
qu'il y a en moi de l'aimer.
Pour lui dire de mille façons encore
non pas aime-moi, car cela lui appartient,
mais mon désir d'encore plus d'offrandes,
d'encore plus de partages pour donner
plus de vie
à notre amour s'il est en réciprocité.

L'amour aimé
est un amour aimant

Sur les multiples chemins de l'amour,
il est possible de rencontrer une forme
très particulière de l'amour,
tel l'amour altruiste que j'appelle le don
d'amour.
Il est semblable à un amour initiatique.
C'est une qualité rare présente chez celui
ou celle qui possède un amour qui sera
offert gratuitement, ouvert aux secrets de
l'émotion et sensible aux mystères de la vie.
Dans l'infini que révèle une telle
rencontre,
nous ne possédons rien de l'autre.
Car le donner et le recevoir vibrent
comme une prière.

19

Dans cet amour, nous pouvons accéder
à la totalité de notre être et nous réconcilier
ainsi avec le meilleur de nous-mêmes.
Nous pouvons aussi rejoindre
le merveilleux de l'autre et l'agrandir
jusqu'aux rires du soleil.
Attention cependant, dans notre culture,
l'amour n'est pas toujours aimé.
Ne vous y trompez pas, il est souvent
désiré, parfois exigé, quelquefois violenté
et fréquemment bafoué,
mais il est rarement aimé.

En tentant de partager votre amour
fait de dons et d'attentes,
d'ombres et de soleil,
soyez attentif à la façon dont il sera
reçu, amplifié ou maltraité.

Osez l'offrir quand même,
il en restera des traces qui témoigneront
dans votre présent comme dans
vos souvenirs de nostalgies,
de regrets ou de soulagements
chez l'aimant que vous avez été,
ou chez l'aimé que vous auriez souhaité
être.

Quelle est en vérité la source de l'amour ?

Pendant longtemps, j'ai cru que, si nous avions été aimés dans notre enfance, par nos parents ou par des personnes significatives, cela voulait dire que nous étions capables, à notre tour, d'aimer.
Je ne le crois plus. L'amour reçu n'est pas suffisant pour pouvoir aimer.
Pour aimer, encore faut-il pouvoir s'aimer et accepter de reconnaître en soi cet amour. Cela suppose d'avoir été entourés, comme enfant, par des relations de qualité s'appuyant sur nos ressources, confirmant notre valeur, renforçant notre confiance en nous-mêmes ! Cela suppose que nos besoins relationnels aient été entendus et comblés. Cet amour de soi, qu'il ne faut pas confondre avec le narcissisme ou l'égocentrisme, est un amour de bienveillance et de respect envers soi-même. Il est la source de l'amour à offrir et à donner.

Pour s'aimer,

il semble important de ne pas avoir
été élevé à partir d'injonctions,
de disqualifications, de chantages,
de menaces, de comparaisons ou
de culpabilisations, mais plutôt à partir
d'une relation qui permettait
et favorisait l'échange en réciprocité,
dans la tolérance des vécus différents,
dans l'apposition et la confrontation
plus que dans l'opposition
et l'affrontement.
Des relations fondées
sur une alternance possible
des rapports de force,
c'est-à-dire dans la possibilité
d'échanges et de partages
en réciprocité.
On m'a souvent demandé :
« Puisque vous dites que la source de
l'amour est l'amour de soi, quelle est
alors la source de l'amour de soi ? »

Les sources de l'amour de soi
sont multiples.

* L'amour reçu, quand il est de bonne
qualité, sans qu'il ne soit l'enjeu d'un troc
affectif.

* Les gratifications et les confirmations,
engrangées dans les expériences positives
et la trace durable des relations où
nous nous sommes sentis acceptés
inconditionnellement, sans jugement,
quand nous avons été reconnus tels que
nous sommes, valorisés sans complaisance
et confirmés dans nos réussites.

* L'élan de vie ou la vivance qui nous
traverse, quand le divin qui est en nous
devient un appel qui nous porte à
l'accomplissement de nos possibles.

Toutes ces expériences favorisant l'amour de soi peuvent avoir été vécues avec d'autres personnes que nos parents, comme nos grands-parents, des voisins, des professeurs ou des thérapeutes, qui ont pu nous réconcilier avec nous-mêmes.

Ainsi, retrouver la trace de ces souvenirs précieux, pour se relier au bon qui est en soi, devient un beau cadeau à se faire.

Tout ce que
je ne vous ai pas dit

Vous l'ai-je jamais dit?
Non, je n'ai jamais osé.
Vous étiez l'inconnue et la désirée
vers qui je naviguais sans le savoir...
Vous étiez tous les silences qui s'agitaient
dans mes jours et mes nuits...
Vous étiez le jardin dans lequel j'aurais
voulu grandir...
Vous étiez l'arbre à l'ombre duquel
j'aimerais mourir...
Vous étiez le sourire si longtemps
recherché au temps de ma jeunesse et
vers lequel durant tant d'années j'ai erré
en mendiant de tendresse...

Vous étiez la rivière dans laquelle j'aurais
voulu me purifier...

Vous étiez le sentier qui m'aurait conduit
au-delà de mes certitudes...

Vous étiez l'horizon qui m'appelait
et se dérobait à chacun de mes pas...

Vous étiez un rêve qui me laissait croire
que j'étais éveillé...

Vous étiez une source où se renouvelait
ma soif...

Vous étiez un poème que je n'ai jamais
achevé...

Vous étiez au plus près de mes peurs,
c'est-à-dire au cœur de mes désirs...

Vous étiez un élan qui m'emportait
vers le meilleur de moi...

Vous étiez ce premier pas vers un avenir
que j'avais si peur de construire avec vous
et que je désirais si fort.

Vous étiez un océan ouvert
sur tant d'espaces et le port
où j'aurais pu me retrouver...

Vous étiez cette femme si proche,
si présente, que la flamme de l'espoir
ne s'est jamais éteinte en moi...

Vous étiez cette part d'absolu
qui m'a gardé vivant, si désirant,
pour vous rejoindre enfin
en osant vous le dire.

Dans l'attente
des mots d'amour

Je vous invite à ne pas prêter aux mots
d'amour trop de pouvoir ou de vertu.
Ils ne sont trop souvent que le reflet
de sentiments qui se cherchent, l'écho
d'une espérance blessée ou d'un désespoir
qui se réveille.
Mais je vous propose quand même d'oser
les offrir, de les aimer, de les protéger
et de les honorer aussi dans la magie
de leurs vibrations.
Je vous recommande de les écouter
palpiter, scintiller dans la fragilité
de l'instant quand ils se donnent à vous.

Vous risquez d'en découvrir quelques-uns
blottis au creux d'une lettre, d'un billet
laissé au doux d'un oreiller ou sur le coin
d'une table de cuisine, étonnés de survivre
à l'oubli.
Ils resteront vivants d'éternité
sur la blancheur d'une page.
Alors n'hésitez pas, apprivoisez-les,
accueillez-les pour leur permettre de
trouver une place au plus profond de vous.
Certains mots d'amour savent tisser
les errances, et aussi raccommoder
les manques de nos incohérences.

Il est des mots d'amour qui attendent
votre venue depuis longtemps, balbutiés
dans la confusion d'une émotion
ou impatients d'être lus.

Il est des mots d'amour épelés, reliés,
prolongés dans l'espace chaleureux
de nos mémoires multiples.

Il est des mots d'amour qui ont besoin
d'une place, juste au bord du cœur
de celui qui les reçoit, pour survivre à la
paresse d'un regard, à la non-présence
ou encore à la déformation d'une écoute
trop légère.

Il est des mots d'amour qui transpirent
d'émotion à la simple pensée d'être enfin
entendus.

Il est des mots d'amour qui vont
peut-être vous appeler ou au contraire
vous déranger et peut-être même
vous faire fuir.

Mais quand ils vous auront reconnu
comme fiable, ils viendront à vous
et demanderont à être bercés, câlinés,
choyés pour grandir encore un peu
en votre compagnie.

Certains auront besoin d'être approchés
et reliés par vos soins au sens d'une phrase
nouvelle ou à inventer.

Mais beaucoup de mots, parmi les plus
importants, seront absents de cette
lecture, ils attendront pour naître
de mieux vous connaître.

43

Le temps en amour

En amour, il y a le temps de l'absence,
celui qui court trop lentement et le temps
de la présence qui court si vite qu'il semble
se dérober aux feux de nos désirs.

C'est en amour que nous prenons
conscience du temps infini qui se morcèle
en autant d'espaces de temps eux-mêmes
infinis. Quand l'aimé est absent, que le
manque nous dévore, l'espace immense
du temps nous habite à plein cœur.

Le temps de l'absence non seulement
met nos désirs à vif, mais réveille tous les
regrets et la nostalgie de n'avoir pas su
toujours accueillir, à chaque instant,
la présence de l'autre avec tous
nos possibles.

Le temps de la présence, lui, est plus lumineux bien sûr, tellement plus vivant, mais semble se rétrécir si vite parfois qu'il nous laisse affamés, alors même que nous sommes remplis par l'odeur, les regards, les gestes ou les paroles de l'autre.
Sachant tout cela, il appartient à chacun de rester vigilant, centré, ouvert à tous les Présents du présent.

Le temps en amour est si précieux qu'il mérite d'être honoré quelle que soit sa destination.

Et je boirais
aussi tes cris

Elle m'a appris en premier lentement,
doucement, la douceur d'un regard
qui soudain me rendait plus beau.
Dans la gravité de son sourire,
je naissais à une écoute plus profonde,
inattendue de ma vie.

Elle m'a appris à écouter le silence,
à entrer dans l'instant, à me laisser bercer
par le présent.

Elle m'a appris à manger lentement et
d'abord à préparer les mets, à les disposer
harmonieusement sur un plat.
Manger commence par le regard,
disait-elle, et cela voulait dire que ce serait
savoureux, bon pour la digestion,
dynamisant pour garder l'énergie de
l'amour disponible à la fête des corps.

Elle m'a appris ce que je sais de moi.

Elle m'appelait mon doux,
mon tout tendre, mon pain d'épice
et je fondais de gratitude et de joyeuseté
apaisée. Accompagné de ses yeux,
je me découvrais différent.

Elle m'a appris des gestes si anciens
que mon corps en sa mémoire éternelle
se tendait vers ses mains, les reconnaissant
justes et bienfaisantes.

Je fus souvent ému et ébloui par la façon
dont elle savonnait son visage,
puis le mien, dont elle le rinçait avec
une attention miraculée. Je découvrais
au-delà des ruissellements la palpitation
des gouttes d'eau sur mon front, sur
ma nuque, l'impalpable d'une bulle irisée
sur mes lèvres.

52

Elle m'a appris l'apprivoisement de mes
sens pour garder la fraîcheur et l'intense
de mes impatiences, quand ses mains
irriguaient mon cou, ma poitrine.

Quand elle s'ouvrait soudain
à mon approche et que je me perdais
en elle éclaté et si plein à la fois.

Elle m'a appris à respecter mon sexe
en le laissant jouer et danser sur les rires
de son ventre. Quand elle le berçait entre
ses seins, qu'elle le buvait, alanguie
et inapaisée.

Et quand ses baisers m'enflammaient,
sa bouche ardente réveillait, au plus loin
de mes désirs, un élan qui me transportait
hors du temps.

Elle m'a appris à regarder son corps,
à entendre sa respiration, à accompagner
son rythme, à écouter l'infini de mon désir
au soleil de son plaisir.

Elle m'a appris à guider sa main au plus
secret de mes abandons. Elle m'a révélé
le don de recevoir, d'amplifier,
de la rejoindre comme un cadeau.

Elle m'a appris à m'enfoncer en elle,
doucement, si doucement que sa bouche
étonnée retenait le oui de ses yeux.

Elle m'a appris à arrêter le temps,
à me tenir immobile pour accueillir
les pulsations de ses impatiences.
Et quand un miel généreux jaillissait
de ses cuisses, je m'emplissais d'elle
au plus profond de son accueil.

Elle m'a appris les mots de l'amour
et les cris du plaisir.

Elle m'a appris à vivre le présent,
à l'écoute des rires de la vie,
dans la respiration infime de l'instant.

Elle ne m'avait pas appris à la quitter
avant qu'elle ne parte, quand le temps
fut venu pour elle de s'éloigner de moi.

Elle m'a encore appris,
bien après son départ,
le vacarme tonitruant du bonheur brisé.

59

L'amour

Parfois l'amour comme
une source au pays des silences
et des tumultes du cœur.
Une inflorescence vivante sans limite.
Un élan plus fort que toutes les paroles.
Une flamme qui brûle sans dévorer.
Une lumière qui devient un chemin
et nous transforme à jamais.

L'amour
Des chemins infinis
et multiples au profond d'une joie intime
Des découvertes sur quelques-uns
des mystères de notre corps
Des éblouissements reçus
dans la confiance partagée
Des plaisirs agrandis dans la rencontre
des désirs
Des tâtonnements pour se préserver
des risques du temps
Et préserver ainsi un avenir de possibles

L'amour
C'est un je t'aime offert entre donner
et recevoir
C'est un toujours qui s'inscrit
au présent
C'est un partage agrandi
par l'espérance
C'est une attente plus forte que toutes
les peurs
C'est le refus des errances stériles
Quand je peux dire je t'aime
à ne plus savoir me reconnaître

Les miracles de l'amour

Que l'amour produise des miracles,
cela ne fait aucun doute pour tous ceux
qui ont été amoureux au moins une fois
dans leur vie. Et même si, comme tous
les miracles, ils laissent une trace indélébile
en chacun, ceux-ci restent éphémères
et ne se renouvellent pas toujours.
Parmi tous les impacts profonds, il en est
deux que l'amour produit à profusion :
il donne et prend.
L'amour donne en réveillant,
avec une générosité parfois troublante,
une énergie étonnante, en suscitant
une ouverture immense sur nous-mêmes,
en provoquant des envols sublimes vers
les rêves les plus fous et en nous invitant
à oser des projets sacrés.

L'amour donne à l'existence de celui
qui l'accueille non seulement un éclat,
un rayonnement, mais aussi un germe
de vivance qui se traduit par une capacité
tout à fait surprenante à rejeter la fatigue,
à nier le poids des jours, à se régénérer
à la seule pensée de l'être aimé.

L'amour prend aussi,
car il capte nos pensées,
absorbe le temps,
réduit à néant les décisions les plus
irrévocables et nous soumet à des
attachements parfois dévastateurs.
Il est même capable de prendre la vie,
de nous dévitaliser quand il se dérobe
ou disparaît.
L'amour est multiforme, il est parfois
semblable à un oiseau affolé qui bat de
l'aile dans la cage trop étroite d'un cœur
et d'autres fois il est semblable à un aigle
qui plane, royal, sur un monde trop étroit,
enfermé dans des banalités, tout en nous
propulsant dans l'infini de l'azur.

Quand l'amour nous emporte,
il peut être sans pitié,
nous dépouillant de tout principe,
nous séparant de tout passé,
nous vidant de toute certitude.
Il peut essorer nos croyances les plus
anciennes, laminer l'espérance, ne laissant
de toutes nos aspirations qu'une
enveloppe assoiffée de la présence
de l'autre ou nous dévorant de l'intérieur,
affamés de désir, tiraillés de doutes.
L'amour, et c'est peut-être le plus difficile
à accepter, a une vie.
Comme tout ce qui est vivant sur
la planète Terre, nul ne sait à l'avance
la durée de vie d'un amour.

Il peut donc disparaître brutalement,
s'éteindre doucement, se dévitaliser
sans raison, se dissoudre sans bruit.
Il peut nous quitter comme il est apparu,
sans prévenir, et nous laisser pantelants,
affamés, désespérés au bord de notre
existence.

Nous n'avons aucun pouvoir sur lui.
Car le miracle le plus accompli de l'amour,
c'est qu'il échappe à la volonté des
humains. En ce sens, il est un vrai cadeau,
qu'il nous appartient d'accueillir quand
il se présente comme une offrande
sacrée.
Un don reçu, qu'il nous appartient de
respecter, d'honorer et de protéger pour
que son passage en nous et chez l'autre
s'inscrive au plus profond de chacun.

Il sera donc important de pouvoir
témoigner d'un amour vécu
auprès de ceux qui nous sont proches,
en évitant de rester dans le ressentiment,
la plainte ou l'accusation quand l'aimé
nous a quittés.
Garder vivante en soi la trace lumineuse
d'un amour sera une belle façon de rester
fidèles à nos propres sentiments.

Malentendus
et mal-dits du désir

L'amour recèle en son sein un océan
immense de désirs.
Le mot désir vient du latin qui signifie
privé d'étoiles !
Mais il faut savoir que le désir contient
une énergie dont chaque particule est
un univers d'étoiles, alors n'hésitez pas,
osez aller à la rencontre de vos désirs
et accueillez chaque fois qu'il vous est
possible les désirs de l'autre.

L'éveil du désir

Quand je vois soudain le meilleur
de l'autre en moi.
Le désir, tel un matin de printemps
dans un ciel d'hiver.
Une faim d'étreintes et de caresses,
une soif d'abandon et de dons
une ivresse des sens.

Rencontre des désirs et fête des désirs

Quand nos désirs rient ensemble,
c'est la fête des corps.
Quand mon désir s'accorde au sien,
c'est un jaillissement de vie.
Quand son désir comble le mien,
c'est doux et plein comme un miracle.
Quand deux désirs s'amplifient,
le ciel devient plus bleu.
Quand nos désirs vibrent ensemble,
l'univers est accordé.

Désirs et envies éphémères

L'envie est un désir qui se cherche
ou qui s'est déjà perdu.
Un désir trop éphémère laisse
dans l'ombre le désir de l'autre.
Le désir désirant donne du courage
mais peu de certitudes.
Le souvenir d'un désir inachevé
laisse beaucoup de doutes.

Désir et réalisation

Il y a trop souvent un fossé immense
et parfois infranchissable entre le désir
et sa réalisation.
J'ai longtemps cru qu'il suffisait de désirer
pour que je sois comblé, car j'avais l'illusion
que mon désir avait le pouvoir de rejoindre
et même de convaincre le non-désir
de l'autre.
Si nous n'entretenons pas le leurre qu'être
entendu dans son désir ne signifie pas
pour autant que l'autre doit y répondre.
Beaucoup de nos attentes deviennent
merveilleuses quand elles s'accordent
aux attentions et aux réponses de l'autre.

Désirs contradictoires

Il aimerait fonder un couple,
mais il redoute de perdre sa liberté.
Elle souhaiterait qu'il réponde
aux désirs qu'elle a
même quand lui n'en a pas.
Il veut vivre comme il voudrait,
et non pas comme elle le souhaite
pour lui (ou l'inverse).
Et chacun peut ainsi désirer de soi ou
de l'autre justement ce qu'il n'a pas.

Désirs et besoins

Peut-être est-il utile de rappeler
que les parents sont là pour répondre
principalement aux besoins de leurs
enfants et non à leurs désirs.

Cela pour ne pas risquer
de les transformer plus tard en véritables
terroristes relationnels vis-à-vis...
de leurs partenaires amoureux.

Dans un couple, nous avons aussi
trop souvent tendance à répondre
aux désirs de l'un ou de l'autre plus
qu'aux besoins de la relation.

Ce qui confrontera à un moment donné
ou à un autre l'un des partenaires
à s'interroger sur la viabilité même
du couple.

Les malentendus du désir

Elle : Ce que je désire le plus chez toi, c'est d'avoir la confirmation de tes sentiments envers moi...

Lui : Ce que je désire le plus souvent chez toi, c'est ton corps et tout ce qui va avec...

Elle et lui : Nous sommes incontestablement un vrai couple, bien équilibré, ce que chacun de nous désire, c'est ce que l'autre n'a pas ou ne peut donner !

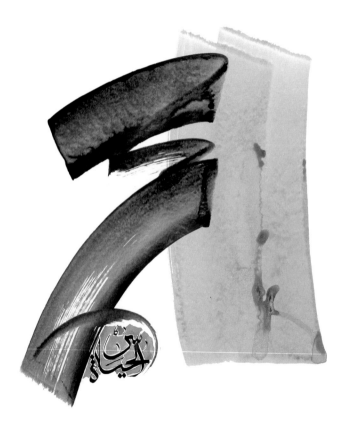

Les violences du désir

Un désir qui s'impose devient très vite terroriste, mais un désir qui s'absente trop souvent devient vite mortel.
Ce qui fait souffrir, avec une efficacité redoutable, c'est le désir du désir de l'autre, surtout quand celui-ci se dérobe.

Il est des désirs terroristes

Pour celui ou celle qui ne veut se priver
de rien, c'est d'avoir non seulement
le désir de l'autre, mais aussi le désir
de son désir.
Il faut longtemps de vie commune
dans un couple pour découvrir qu'il y a
des désirs autonomes et des désirs
dépendants. Ce sont ces derniers qui
soulèvent le plus de frustrations et parfois
de violences dans un couple, quand l'un
découvre que la satisfaction de son désir
dépend... de la réponse de l'autre.

Derrière toute peur il y a un désir

C'est la grande fonction des peurs
de masquer les désirs.
En particulier les désirs les plus
inexprimables.
Nous pourrions ainsi découvrir
que les peurs sont bienvenues
quand elles nous permettent de découvrir
le désir qu'il y a derrière chacune.

Liberté du désir

On ne peut commander à un désir
d'être là quand il est absent.
Quand il dort, on peut parfois l'éveiller
et l'agrandir.
Quand il est présent, ne le perdez jamais
de vue, c'est une fête que de pouvoir
l'amplifier avec le désir de l'autre.

99

Les maladresses du désir

À trop penser à la place de l'autre, qu'il aura du plaisir si nous lui faisons l'amour, on risque de ne pas rencontrer réellement son désir.

Il arrive aussi à certains désirs de s'exprimer par des attentes si impérieuses qu'elles deviennent parfois des exigences et donc des contraintes qui peuvent tuer ou stériliser le désir de l'autre.

La fin du désir
à ne pas confondre
avec la faim du désir

Quand le désir s'absente et ne revient pas,
il faut inventer d'autres partages et
nourrir la relation avec d'autres possibles.
La fin imprévisible d'un désir est
quelquefois l'aurore du désamour.
Mais rassurons-nous, la faim d'un désir
ne débouche pas toujours sur la fin
des désirs.

Je t'aime même si tu ne m'aimes pas, mais que c'est difficile, ô mon amour

Elle lui disait : «J'ai le cœur à l'envers,
ô mon amour, j'ai en moi, au plus profond,
la douleur de t'aimer.
Je suis pourtant si heureuse de t'aimer
et en même temps je souffre tellement
de ne pas me sentir aimée de toi.
Tu me l'as dit, très clairement dès le début
de notre relation :
"Je me sens bien avec toi,
j'ai une incroyable confiance en ta
présence, mais je n'éprouve pas en moi
de sentiment amoureux. Avec toi, as-tu
ajouté (ce qui m'a faussement rassurée),
je suis dans le plaisir, dans le bon de ton
regard et de tes gestes, dans le doux
de ton amour."

« Tu as même tenté de m'expliquer
qu'une des choses les plus difficiles
à exprimer, envers quelqu'un qu'on
apprécie, dont on recherche la présence,
c'est d'oser lui dire : "Je ne t'aime pas."
Car, en français, je ne t'aime pas
est souvent synonyme de rejet
ou d'exclusion.

« Tu m'expliquais cela calmement,
en bon pédagogue que tu es, et
je ne pouvais qu'être d'accord.
Oui, tu ne m'aimais pas, ce n'était pas
grave, du moins je le croyais, puisque
je me sentais capable d'aimer pour deux.
Car je sentais avoir suffisamment d'amour
en moi pour remplir notre relation
d'amour, pour la nourrir durant plusieurs
éternités. Je t'aimais avec une certitude
absolue, celle que mon amour ne pouvait
me faire du mal et qu'il ne pouvait que
t'apporter du bon.

« Tout cela, aux premiers temps de notre
rencontre. Je l'ai accepté, j'étais dans
l'enthousiasme de pouvoir t'aimer,
de t'offrir mon corps, de partager mon
plaisir, de m'abandonner, d'imaginer
chaque fois nos retrouvailles.

« J'étais dans un tel plein de toi
qu'il débordait de partout.

«Un plein que je pouvais redonner à
profusion tout autour de moi, tellement
je me sentais si généreuse à te connaître.
J'avais tellement d'amour en moi
qu'il devait bien pouvoir remplir
et ton cœur et le mien!

«Aujourd'hui cette situation me déchire.
Je sens pourtant notre relation comme
unique, pleine de bon, oui, il ne me vient
que du bon de toi, mais avec un manque
terrible, celui de la non-réciprocité.
Pourtant chacune de nos rencontres
est une fête, je n'ai jamais rien reçu de
mauvais de toi, tes attentions, ta tendresse
me comblent, mais je sens que notre
relation est bancale, dysharmonique
sur le plan des sentiments, inaccomplie
dans le partage des cœurs.

« Et dans ma tête commence depuis
quelque temps, malgré moi,
un remue-ménage insensé, des tempêtes
de pensées contradictoires, des tourbillons
de sensations qui viennent de loin,
des ressacs qui m'emportent, des flots
d'émotions qui m'éloignent, m'irritent,
me déstabilisent. Des pensées parasitaires,
empoisonnées, des questions perfides.
"Mais pourquoi ?
Mais pourquoi ne peut-il m'aimer ?
Pourquoi ne peut-il me dire, au moins
une fois, qu'il m'aime ?
Pourquoi n'accepte-t-il pas qu'il pourrait
m'aimer, demain, après-demain ou plus
tard ?"
J'ai tout le temps, mais j'ai besoin
d'une certitude…

هواد

«Ces derniers temps, je sens que je vais te perdre, ô mon amour, et cela me remplit d'effroi. Car je voudrais pouvoir t'aimer sans être parasitée par tous ces ressentis toxiques qui prennent de plus en plus de place en moi, entre nous. J'en suis là. Pour l'instant je te garde en moi… Pour l'instant.

«Ô mon amour, que c'est difficile de t'aimer en acceptant de perdre l'espoir d'être aimée un jour par toi.»

Un amour unique

Comment découvrir qu'il n'existe,
dans toute une vie, qu'un seul et
unique amour?

Que ce soit celui de notre premier amour,
aussi profond ou éphémère qu'il ait pu être,
ou ceux qui ont suivi et ont enflammé
notre existence, il n'y aurait qu'un seul
sentiment qui prendrait des formes,
des couleurs, des désirs différents.

Un seul amour qui se déposerait,
se multiplierait, s'agrandirait ou se
morcèlerait sur de nouveaux visages,
de nouveaux corps, avec de nouveaux rêves
et des projets inédits ou répétitifs.

Un seul amour, celui que nous portons
en nous?

Je n'ose le croire, préférant penser
que chaque amour est unique,
non interchangeable, présent au présent
d'une vie.

Que chaque amour qui va surgir,
se révéler, nous accompagner aux
différents âges de notre existence,
est une totalité ayant sa vie propre,
inscrit dans un cycle de vie qui ne sera
dévoilé à celui et à celle qui le porte
et à celle ou celui qui en est l'objet
ou le destinataire qu'au moment
où il se dérobe, se dissout ou meurt.
Car nul ne sait à l'avance la durée de vie
d'un amour.

Les mots de l'amour

Les mots de l'amour dans l'amour
se disent avec des langages différents.
Ils sont le plus souvent des gémissements,
des cris, des râles ou des murmures pour
l'un et des déclarations passionnées :
mon amour, mon aimé, mon tout doux,
mon présent, pour l'autre.

الأرض

Les mots de l'amour sont maladroits
pour dire l'émotion de l'instant,
pour décrire l'émerveillement à la vue
de la beauté d'un corps nu,
les étonnements d'un émoi,
la lumière des regards,
les tressaillements du désir
ou l'abandon au plaisir.

Les mots de l'amour sont plus libres,
plus riches dans l'anticipation, l'attente,
l'espérance ou au contraire dans l'après-
rencontre, dans le souvenir des émotions,
du goût de la rencontre, dans le bonheur
du rêve approché, réalisé que dans
le présent de la rencontre.

Les mots de l'amour sont trop souvent
silencieux au présent.

Et même si les mots d'amour paraissent
futiles, trébuchent, s'enflamment ou se
contredisent pour dire le plaisir accordé,
les sens éveillés, la joie du partage,
il nous faut les chercher en nous,
les offrir encore et encore.

Peut-être sont-ils pour la plupart
encore à inventer.

Déclaration d'amour

Je vous aime d'un amour sans attente
Je vous aime pour le plaisir d'aimer
Je vous aime sans manque, dans le plein
de vous
Je vous aime au plus près de mes possibles
Je vous aime dans la ferveur de la rencontre
Je vous aime même à distance
Je vous aime apaisé de vous savoir
Je vous aime heureux de vous rêver
Je vous aime dans chaque instant
de nos partages
Je vous aime tout court
Et bien sûr ce n'est pas suffisant pour dire
encore tout ce qui m'habite et m'emporte

Sublime
page 66

**Énergie
de l'amour**
page 68

Silence
page 71

**Espace
chaleureux**
page 72

Ciel
page 74

Océan
page 76

Émotion
page 78

Rencontre
page 81

Plaisir
page 82

Nuage
page 84

Aimer
page 87

Rires du Soleil
page 88

Intérieur
page 90

**Mystères de
la vie**
page 92

Immensité
page 94

Présence
page 97

Sentiment
page 98

Regard
page 101

Destinée
page 102

Yeux
page 107

Feu
page 108

Lumière
page 111

Air
page 112

Bonheur
page 114

Espoir
page 117

Soleil
page 118

Terre
page 120

Vie
page 122

Suivez les Éditions de l'Homme sur le Web

Consultez notre site Internet et inscrivez-vous à l'infolettre pour rester informé en tout temps de nos publications et de nos concours en ligne. Et croisez aussi vos auteurs préférés et l'équipe des Éditions de l'Homme sur nos blogues !

www.editions-homme.com